Animales nocturnos

Ilustraciones: John Butler

Texto: Alastair Smith

Imágenes digitales: Keith Furnival

Diseño: Verinder Bhachu
y Ruth Russell

Dirección editorial: Judy Tatchell
Dirección de diseño: Ruth Russell
Traducción: Pilar Dunster

La lechuza

Las lechuzas pueden oír el menor ruido. Se guían por los sonidos en la oscuridad.

Esta lechuza ha cazado un ratón: su comida favorita.

Viven en sitios tranquilos, como este viejo granero.

La polilla y el caracol

Esta polilla vuela en busca
de flores que están abiertas
por la noche.

Las polillas chupan
el néctar, un líquido
azucarado que hay
dentro de las flores.

¿Ves un rastro
blanco…?

¿Y quién lo va
dejando?

Alguien ha
mordisqueado
esta hoja. ¿Sabes
quién ha sido?

El caracol sale
a comer por la
noche. Si hay
mucho silencio
puede que le
oigas masticar.

El zorro

El zorro sale de noche
en busca de comida.

Esta zorra se ha
quedado muy
quieta. Debe
haber oído
un ruido.

A veces los
cachorros salen
con su mamá.
¿Ves alguno?

Los zorros viven en madrigueras subterráneas. ¿Ves la entrada de una madriguera?

En esta página hay más animales nocturnos. Intenta encontrarlos.

¡Cuidado! ¡Que nos ve el zorro!

Tienen ventosas adhesivas en los dedos para agarrarse a las ramas.

Y también se sujetan con la cola.

El tarsero

El tarsero es un animal pequeño, pero tiene los ojos grandes para poder ver en la oscuridad.

Es muy tímido y suele esconderse.

Vive en regiones del mundo donde siempre hacer calor.

El ratón

Los ratones corretean por la noche. Buscan comida y algo que roer o que llevarse al nido.

Tienen los dientes muy afilados y roen todo lo que encuentran a su alrededor.

Los ratones no son bienvenidos. Hacen muchos estropicios.

Les crecen los dientes
constantemente, como
a ti las uñas.

Trepan
con mucha
facilidad,
clavando
las uñas.

Y además
se sujetan
con la cola.

Los ratones roen para
mantener los dientes
cortos y afilados.

El murciélago

Éste es un murciélago
frutero. Vuela por la
calurosa selva tropical.

Mira cómo la cría se
agarra a su mamá
durante el vuelo.

A los murciélagos
fruteros también
les llaman zorros
voladores. Quizás
porque tienen la
cara parecida.

¿De quién son estas
patitas? Su dueño
ha mordisqueado
toda la hoja.

El gato

A los gatos les gusta salir
por la noche. Cazan
ratas y ratones.

¿Qué habrá
encontrado
este gato?

Los gatos caminan sin hacer ruido
porque tienen almohadillas en las
patas. Los ratones no les oyen.

Los gatos también están despiertos de día, pero cazan más por la noche.

Entran y salen de la casa por una gatera.

En esas patas tan suaves se esconden unas uñas afiladas. Le sirven para trepar por los árboles.